NÓS PROTEGEMOS A VIDA

2º ANO

ALUNO

MARIA INÊS CARNIATO

NÓS PROTEGEMOS A VIDA

2º ANO
ALUNO

EDIÇÃO REVISTA E AMPLIADA

Paulinas

Dados Internacionais de Catalogação na Publicação (CIP)
(Câmara Brasileira do Livro, SP, Brasil)

Carniato, Maria Inês
Nós protegemos a vida, 2º ano: aluno / Maria Inês Carniato ; ilustrações Soares. – rev. e ampl. – São Paulo : Paulinas, 2010. – (Coleção ensino religioso fundamental)

ISBN 978-85-356-0838-0

1. Educação religiosa (Ensino fundamental) I. Soares II. Título. III. Série.

10-00228 CDD-372.84

Índice para catálogo sistemático:
1. Educação religiosa : Ensino fundamental 372.84

1ª edição revista e atualizada – 2010
2ª reimpressão – 2017

Direção-geral: Flávia Reginatto

Editora responsável: Luzia M. de Oliveira Sena

Assistente de edição: Andréia Schweitzer

Copidesque: Maria Goretti de Oliveira

Coordenação de revisão: Marina Mendonça

Revisão: Ruth Mitzuie Kluska

Direção de arte: Irma Cipriani

Ilustrações: Soares

Gerente de produção: Felício Calegaro Neto

Projeto gráfico: Telma Custódio

Paulinas
Rua Dona Inácia Uchoa, 62
04110-020 – São Paulo – SP (Brasil)
Tel.: (11) 2125-3500
http://www.paulinas.org.br – editora@paulinas.com.br
Telemarketing e SAC: 0800-7010081

Convite a quem ama a criança

Você cuida da criança e a ama. Seja sua filha, neta, parente ou não, com certeza você deseja o melhor para ela.

A escola educa o ser humano como pessoa, cidadão, participante e responsável, mas também como ser único, situado no mistério transcendente que se manifesta por meio da religiosidade.

O Ensino Religioso não substitui a família na educação religiosa. Ele comunica o conhecimento da cultura e das manifestações religiosas, mas espera que as pessoas que convivem com a criança e a amam ofereçam a ela os princípios de uma vida coerente com os valores e a dignidade humana, a herança da fé familiar e a pertença a uma religião.

Nesse sentido, é preciso haver uma parceria entre a escola e você, a fim de que a criança descubra significados que respondam à sua necessidade de entender a vida, pois a educação só é possível na relação de confiança e amor.

Sendo assim, a criança será incentivada a conversar, em casa, com quem ela convive, a quem ama e em quem confia. Essa tarefa pode ser desenvolvida pouco a pouco. Dependerá bastante de seu desempenho. Por isso, quando ela lhe perguntar, fale sobre as brincadeiras, as cantigas de roda, as histórias e o que mais você lembrar de sua infância. Ela também vai pedir sua ajuda para refletir sobre questões importantes da vida. Revele a ela suas crenças, suas esperanças, sua fé. É a melhor herança que você pode depositar nas mãos dessa pessoa repleta de possibilidades no presente e no futuro.

Contamos com você. Sua parceria será indispensável!

Um grande abraço da autora deste livro.

UNIDADE 1

Eu sou eu! Que legal!

Objetivo Reconhecer-se como pessoa única e repleta de possibilidades, situada em um mundo que pode ser descoberto e compreendido.

1.1. Fez um furo no pneu

OBJETIVO

Sentir-se pessoa localizada em seu espaço e segura de seu lugar. Desenvolver a capacidade de se apresentar, de escutar com respeito a apresentação dos colegas e de conviver com diferenças.

CADA RATO EM SUA TOCA

Dois ratos eram amigos.
Um morava na roça de milho. Tinha uma toca debaixo das palhas e galhos secos.
O outro era hóspede em uma casa.
Um dia o rato da roça foi almoçar com o amigo.
Entraram na despensa e se encheram de gostosuras.
Mas de repente ouviram um som. Um animal feroz e perigoso se aproximava.
Os dois precisaram deixar tudo e correr.
Na mesma hora o ratinho do campo se despediu e voltou para casa.
Era melhor saborear sua espiga de milho bem longe do gato!

O rato da cidade e o rato do campo. Reconto da fábula de La Fontaine.

COMUNICAÇÃO

Cada rato tinha sua casa e nela se sentia bem.
As religiões ensinam a importância de ter onde morar e se sentir feliz.
Você pode comentar com a turma onde fica sua casa e o caminho que você faz até a escola.
Faz de conta que você vem de jipe.
Para cada colega que se apresentar, a turma pode cantar uma musiquinha assim:

O jipe do Pedro fez um furo no pneu (3 vezes)
Colamos com chiclete.

O jipe do Bruno fez um furo no pneu (3 vezes)
Nós fomos ajudar.

Você também pode brincar de dirigir o jipe e trocar o pneu furado.

INVENÇÃO

Você pode escolher o material
e representar sua casa
e o caminho para a escola.

CHARADA

Ausente, todos me querem. Presente, fogem de mim.

PARA CONVERSAR COM QUEM VOCÊ AMA

Você tem uma religião?

O que ela ensina de mais importante?

JÁ PENSOU SE FOSSE ASSIM?

A CASA

Minha casa é bonita
Minha casa tem valor
Minha casa é muito rica
Porque nela habita amor

Tem até um cachorrinho
Ele é de estimação
De manhã quando eu acordo
Ele me faz um carinho
Muito alegre ele late
E abana o rabinho

Às vezes uma briguinha
Que faz parte do viver
Em casa há liberdade
De falar e ouvir
É um dever
Lá, lá, lá, lá

Na minha casa eu sou feliz
Lá, lá, lá, lá
Meu coração assim me diz

Celina Santana. CD *É hora de Cantar.* Paulinas/COMEP, 1998.

1.2. A canção dos anões

OBJETIVO

Sentir a alegria de viver e de ter sido matriculada na escola por alguém que a ama, para aprender e para conviver com pessoas diferentes.

OS ANÕES CANTAM E DANÇAM

Branca de Neve se perdeu na floresta.
Ela caminhou por muito tempo e encontrou a casa dos anões.
Entrou e ficou lá até eles chegarem.
Os anões eram sete.
Todos os dias eles iam trabalhar na mina, cantando:

Eu vou, eu vou, pro trabalho agora eu vou
Lá lá rá lá lá, lá lá rá lá lá
Eu vou, eu vou, eu vou, eu vou.

Quando voltavam da mina para casa, os anões vinham cantando outra vez.

Alusão ao conto *Branca de Neve e os sete anões*, de Grimm.

Você pode inventar outra letra para a canção dos anões.
Pode também saltitar, dançar, bater palmas.
Pode bater pés ou virar estátua enquanto canta.

COMUNICAÇÃO

Você está na escola porque alguém o ama e fez sua matrícula.

O que você quer fazer e aprender no 2º ano?

INVENÇÃO

Que tal escolher o material e representar a pessoa a quem você quer agradecer por estar na escola?

CHARADA

O que é, o que é? Cozido é alimento, mas escrito fica cheio de terra.

PARA CONVERSAR COM QUEM VOCÊ AMA

O que sua religião ensina a fazer quando se recebe amor, cuidado e ajuda de alguém?

JÁ PENSOU SE FOSSE ASSIM?

SEGREDO DA FELICIDADE

Se você gosta de matemática
Você é feliz contando 2+1+1+1
Se você gosta desta bandinha
Você é feliz tocando
Tra-la-lá, Tim-bum, Tim-bum!

O segredo da felicidade
É amar, é amar

Se você gosta de seu vizinho
Você é feliz chegando na janela
Ou no portão
Se você gosta de seu gatinho
Você é feliz quando ele faz
Rom-rom, miau, miau

Se você gosta de sua escola
Você é feliz na hora da entrada
Oi, oi, oi!
Se você gosta de sua casa
Você é feliz na hora da saída
Tchau, tchau, tchau!

Maria Sardenberg. CD *Tra-la-lá*. Paulinas/COMEP, 2001.

1.3. O nome daquele pato

OBJETIVO

Lidar com os sentimentos e compreender que ser pessoa é amar, ser amada e ter o seu espaço numa sociedade plural.

O CISNE DA LAGOA

Era primavera.

As crianças correram até a margem da lagoa e viram um habitante recém-chegado, mais belo que os outros cisnes do bando.

Elas sabiam que aquele era um cisne novo, porque conheciam pelo nome cada um dos velhos amigos.

Que aventura descobrir a história do belo animal e dar um nome a ele!

Ainda bem que aquelas crianças entendiam a linguagem dos animais.

Elas ouviram a longa história do cisne: ele nascera em uma fazenda onde todos pensaram que fosse um pato.

Alusão ao conto *O patinho feio*, de Grimm.

COMUNICAÇÃO

Você conhece a história do patinho feio que na verdade era um cisne?

Como você se sente quando não há lugar para você em uma brincadeira?

E quando você tira o lugar de outra pessoa?

As religiões ensinam que todas as pessoas merecem amor e respeito por suas diferenças.

INVENÇÃO

Que tal criar uma máscara para mostrar como se sente quando alguém magoa você?

Pode também mostrar como se sente quando você magoa alguém.

CHARADA

O que é, o que é?

É um pássaro tão belo! É de alguns tão conhecido!

Ele continua o mesmo quando o escrevo invertido.

PARA CONVERSAR COM QUEM VOCÊ AMA

O que sua religião ensina a fazer quando você magoa alguém ou é magoado?

JÁ PENSOU SE FOSSE ASSIM?

OLHE EU AQUI

Olhe eu aqui... estou presente
Eu sou presente que vem de Deus
Olhe eu aqui... eu sou criança!
Que meu sorriso chegue até você
Olhe eu aqui... estou presente!

Eu sou presente que vem de Deus
Olhe eu aqui... eu sou a vida!

Que meu sorriso chegue até você
Olhe eu aqui...eu sou a vida!

Eu sou a vida que vem de Deus
Olhe eu aqui... eu sou criança
Que meu sorriso chegue até você

Zélia Patrício. CD *A bonita arte de Deus*. v. 1. Paulinas/COMEP, 1996.

1.4. A quadrilha apavorada

OBJETIVO

Experimentar a alegria de conviver e trabalhar em equipe. Desenvolver a capacidade de ouvir, respeitar e aceitar a opinião da outra pessoa e de socializar a própria.

OS MÚSICOS DE BREMEN

No tempo em que as pessoas eram cruéis e abandonavam os animais velhos e doentes, um burro, um cão, um gato e um galo foram enxotados de casa por seus donos e formaram um grupo musical. Tinham esperança de assim ser alimentados por pessoas bondosas.

Os quatro amigos saíram rumo à cidade de Bremen, mas a noite caiu e eles entraram na floresta para dormir. Avistaram ao longe uma luz. Foram até lá e ouviram grande algazarra em uma cabana escondida entre as árvores.

A janela era alta e os animais não podiam espiar para dentro. Então, o burro convidou o cão a subir em seu lombo. O cão pediu ao gato que pulasse sobre ele e o galo voou para cima do gato. Um sustentando o outro, o galo olhou para dentro. Era o esconderijo de assaltantes que estavam devorando guloseimas roubadas na cidade.

Os animais entraram, derrubaram o lampião e tudo ficou escuro. O burro começou a coicear, o gato a unhar, o cão a morder e o galo a bicar os malandros. Eles fugiram apavorados, pensando que a cabana fosse assombrada. Assim, os quatro amigos encontraram um lugar para viver, porque a quadrilha nunca mais voltou.

Alusão ao conto *Os músicos de Bremen*, dos Irmãos Grimm.

COMUNICAÇÃO

As religiões ensinam a respeitar, conviver, trabalhar em colaboração e ser felizes.

Você pode fazer um trabalho com seus colegas, depois contar para os outros: o que é preciso fazer para nos sentirmos bem na equipe?

INVENÇÃO

Você conhece esta música?

Eu vi uma barata na careca do vovô
Assim que ela me viu bateu asas e voou
Dó ré mi fá fá fá, dó ré dó ré ré ré
Dó sol fá mi mi mi
Dó ré mi fá fá fá

Havia um pastorzinho que andava a pastorear
Saiu de sua casa e pôs-se a cantar
Dó ré mi fá fá fá, dó ré dó ré ré ré
Dó sol fá mi mi mi
Dó ré mi fá fá fá.

Folclore infantil

Que tal agora você inventar outras estrofes, como esta:

O vovô me disse que o respeito é legal
Todos participam e ninguém se sente mal
Dó ré mi fá fá fá, dó ré dó ré ré ré
Dó sol fá mi mi mi
Dó ré mi fá fá fá

CHARADA

Por que o trem só consegue entrar no túnel até a metade?

PARA CONVERSAR COM QUEM VOCÊ AMA

O que sua religião ensina a fazer para conviver com as pessoas e fazê-las felizes?

JÁ PENSOU SE FOSSE ASSIM?

VAMOS REUNIR-NOS

Vamos reunir-nos (bis)
Conforme a professora orientou

Um ajuda o outro a estudar
Então vem participar
E na minha equipe entrar
E contente vou ficar

Estudar assim é sensacional
A gente aprende muito mais
Trocando ideias geniais

Edilberto P. Vasconcelos. CD *A escola é um show*. Paulinas/COMEP, 1997.

UNIDADE 2

Outros "eus" comigo formam "nós"

Objetivo Perceber a diversidade e a participação como dimensões humanas indispensáveis a uma vida saudável e feliz e descobrir a importância da inclusão de todas as diferenças na convivência social.

2.1. A rede é feita de nós

OBJETIVO

Compreender a dimensão comunitária da vida humana e a importância da participação de cada pessoa, para que a sociedade e o mundo possam ser melhores.

NÓS SOMOS SEMELHANTES A "NÓS"

Você conhece uma rede?
Redes de lojas, de televisão, de rádio. Redes de internet.
Essas são como redes invisíveis.
Mas existem também redes que se podem ver.

Redes de vôlei, de basquete, de futebol.
Redes de pingue-pongue, de tênis, de pesca e muitas outras.
Os nós de uma rede são todos importantes.
Se um nó se soltar, a rede pode desmanchar-se toda.
Nós, seres humanos, também somos muito importantes.
Ninguém pode ficar sem participar.
Todos nós, juntos, formamos uma rede.

COMUNICAÇÃO

As religiões ensinam que todas as pessoas são iguais em dignidade e direitos, e podem viver unidas.

Nós, seres humanos, somos como os nós de uma rede: não podemos viver sozinhos.

INVENÇÃO

Com a turma você pode ajudar a tecer uma rede.

Quem são as pessoas que formam a rede com você?

CHARADA

Um pássaro pousou em uma árvore para comer cupins.
Achou 10 cupins em um galho, 8 no outro e 5 no outro.
No primeiro ataque ele engoliu 6 cupins.
Quantos ficaram?

PARA CONVERSAR COM QUEM VOCÊ AMA

O que é preciso fazer na família para vivermos unidos, como os nós de uma rede?

JÁ PENSOU SE FOSSE ASSIM?

A BONITA ARTE DE DEUS

Cheguei escuro na terra
O Sol ainda dormia

Nasci no meio da noite
Tu não podias me ver

Não pude guardar em mim
Meu jeito, o Sol me deu cor

Ser negro, branco, moreno
Bonita arte do amor

Eu tenho samba no pé, e tu?
Não vês que eu tenho cor, e tu?
Eu tenho raça, menino, e tu?
Também sou obra de Deus

Zélia Patrício. CD *A bonita arte de Deus*. v. 2. Paulinas/COMEP, 1996.

2.2. Diferentes, porém amigos

OBJETIVO

Perceber como as diferenças podem aumentar a amizade e afastar a rivalidade e o preconceito.

O LEÃO E O RATINHO

Uma antiga fábula diz que o rei da floresta estava dormindo. Um ratinho fez barulho e o acordou. Zangado, o leão já ia engolir o ratinho, mas ele implorou que o deixasse viver, pois não fizera aquilo por maldade. O leão então o perdoou e o ratinho foi embora.

Passado algum tempo, o leão caiu na rede dos caçadores. Já cansado de lutar, ouviu uma vozinha: "Precisa de ajuda, rei leão?". Era o ratinho.

Num instante ele roeu a corda, e as malhas da rede se abriram. O leão esperneou mais um pouco e saiu.

Os dois eram muito diferentes, mas se tornaram amigos, pois um salvou a vida do outro.

Alusão à fábula de Esopo.

COMUNICAÇÃO

Quais as diferenças que você vê na turma do 2º ano?

Como seria a turma se todos fossem iguais em tudo?

Com a turma, você pode criar uma história de amizade entre personagens diferentes.

INVENÇÃO

Que tal falar ao celular de lata com um amigo imaginário muito diferente de você?

A professora vai ajudar a furar latinhas com um prego.

Você pode passar por dentro dos furos um barbante de mais ou menos quatro metros.

Depois dê um nó em cada ponta.

CHARADA

O que é, o que é? Caminha deitado e descansa em pé.

PARA CONVERSAR COM QUEM VOCÊ AMA

O que é preciso fazer para ter grande amizade com pessoas muito diferentes de nós?

JÁ PENSOU SE FOSSE ASSIM?

AMIZADE

Mais vale um amigo
Do que um cofre com dinheiro
A amizade é um tesouro verdadeiro

Mais vale um amigo
Do que ter toda a riqueza
Amizade é uma vela sempre acesa sobre a mesa

Amizade, ah... ah... ah... amizade...

Nas horas de tristeza e horas boas
Um amigo vale mil pessoas

Mais vale um amigo
Joia rara, verdadeira
Amizade pra durar a vida inteira

Mais vale um amigo
Que nos tira da tristeza
Na conversa as horas passam
Sobre a mesa, com certeza

Sérgio Valério. CD *O coco do coqueiro.*
Paulinas/COMEP, 1998.

2.3. Se esta rua fosse minha

OBJETIVO

Tomar consciência da capacidade de transformar quase tudo em benefício da vida de todos. Além disso, observar que tudo se cria a partir de algo preexistente.

O CORETO DA PRAÇA

Antigamente não existia televisão. As pessoas se encontravam na rua para conversar. Nas praças havia coretos onde as bandas de música e outros artistas se apresentavam. Na praça as moças e os rapazes namoravam. Eles também escreviam versinhos e cantavam "modinhas" de amor como esta.

NESTA RUA

Se esta rua, se esta rua fosse minha
Eu mandava, eu mandava ladrilhar
Com pedrinhas, com pedrinhas de brilhante
Para o meu, para o meu amor passar

Nesta rua, nesta rua tem um bosque
Que se chama, que se chama solidão
Dentro dele, dentro dele mora um anjo
Que roubou, que roubou meu coração

Se eu roubei, se eu roubei teu coração
Tu roubaste, tu roubaste o meu também
Se eu roubei, se eu roubei teu coração
É porque, é porque te quero bem

Folclore infantil.

COMUNICAÇÃO

As religiões ensinam que a vida é a criação mais importante de Deus.

As pessoas têm capacidade de transformar quase tudo. Fazendo isso, elas também podem proteger a vida.

Com a turma, você pode criar a história de uma caixa de fósforos. Imagine quando ela era árvore na mata, e o que aconteceu até ela ir parar na cozinha e depois virar brinquedo.

Pode cantar:

Se esta caixa, se esta caixa fosse minha
Eu faria, eu faria um sofá
Pra chamar, pra chamar minha madrinha
E com ela, e com ela conversar.

Que tal inventar outras letras? Pense no que você faria para alegrar alguém.

INVENÇÃO

Em equipe, você pode brincar de marcenaria, de construção ou de casinha. Pode também construir brinquedos com caixas de fósforos.

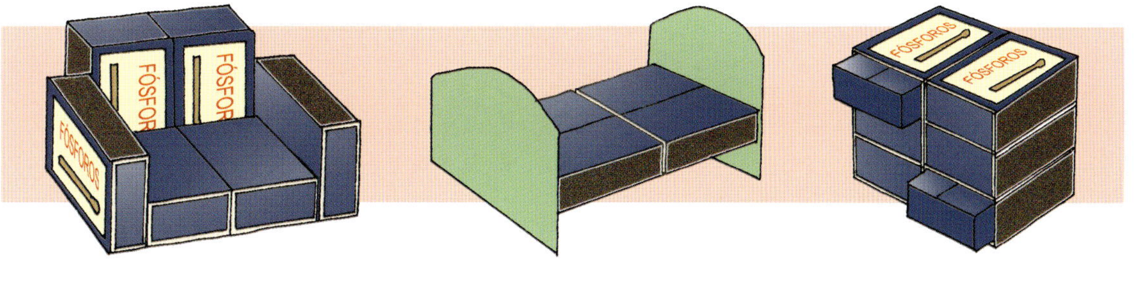

CHARADA

O que é, o que é?

Enrola e parece cobra. Pode quebrar quando dobra.

PARA CONVERSAR COM QUEM VOCÊ AMA

O que sua religião ensina sobre a criação do mundo e de tudo o que existe?

JÁ PENSOU SE FOSSE ASSIM?

A BOA NOTÍCIA

Alô, alô, muita atenção
Alô, alô, ligue seu coração
Alô, alô, venha escutar
Esta notícia que eu tenho para dar

Você é amado, você é amado
Você é amado por Deus

Escute, não é segredo
Escute, não tenha medo
Você é amado, você é amado
Você é amado, amado por Deus

Agora cante comigo
Eu sou amado por Deus
Repita e cante comigo
Eu sou amado por Deus
Repita, cante comigo
Eu sou amado por Deus

Maria Sardenberg. CD *A boa notícia*.
Paulinas/COMEP, 1997.

2.4. A invenção da biscoitomática

OBJETIVO

Compreender a capacidade de as pessoas aprenderem, agirem e transformarem a sociedade em que vivem, em benefício da vida de todos.

INTELIGÊNCIA DE BRINCADEIRINHA

No sítio do Pica-pau Amarelo, o Visconde de Sabugosa tem sempre grandes ideias. Ele também inventa soluções para qualquer situação complicada.

O Visconde é um verdadeiro inventor porque tem muito conhecimento. Ele é habitante de uma biblioteca.

Será que, fora da brincadeirinha, uma espiga de milho pode mesmo inventar alguma coisa?

COMUNICAÇÃO

A inteligência do ser humano é igual à de outros seres vivos ou é diferente da deles?

Imagine uma máquina, um robô ou um computador. Como eles podem ajudar as pessoas na proteção da vida de todos os seres?

A professora vai organizar a roda do chapéu pensador. É uma brincadeira legal! Quando chegar sua vez, explique sua invenção.

INVENÇÃO

Criar a biscoitomática: uma máquina automática de fazer biscoitos que acabam com a desnutrição e faz com que se aprenda matemática.

Em equipe, você pode construir uma invenção para proteger a vida das pessoas.

CHARADA

Qual o trabalho mais pesado do mundo?

PARA CONVERSAR COM QUEM VOCÊ AMA

Você pode contar o que descobriu na aula: que os seres humanos são diferentes de todos os outros seres vivos porque podem inventar modos de amar e ajudar a todos.

JÁ PENSOU SE FOSSE ASSIM?

QUARTO DE BRINQUEDOS

Quem já entrou num quarto de crianças
Quem já entrou num quarto de brinquedos
Não imagina que brinquedo fala
Não imagina que brinquedo dança
Já se esqueceu do tempo de infância

Brinquedo não fala
Brinquedo não dança
Mas basta um toque de criança
E um pouco de imaginação
Que o brinquedo começa a brincar

Newton Heliton e Teresa Cristina. CD *Coisas de crianças*. v. 2. Paulinas/COMEP, 1998.

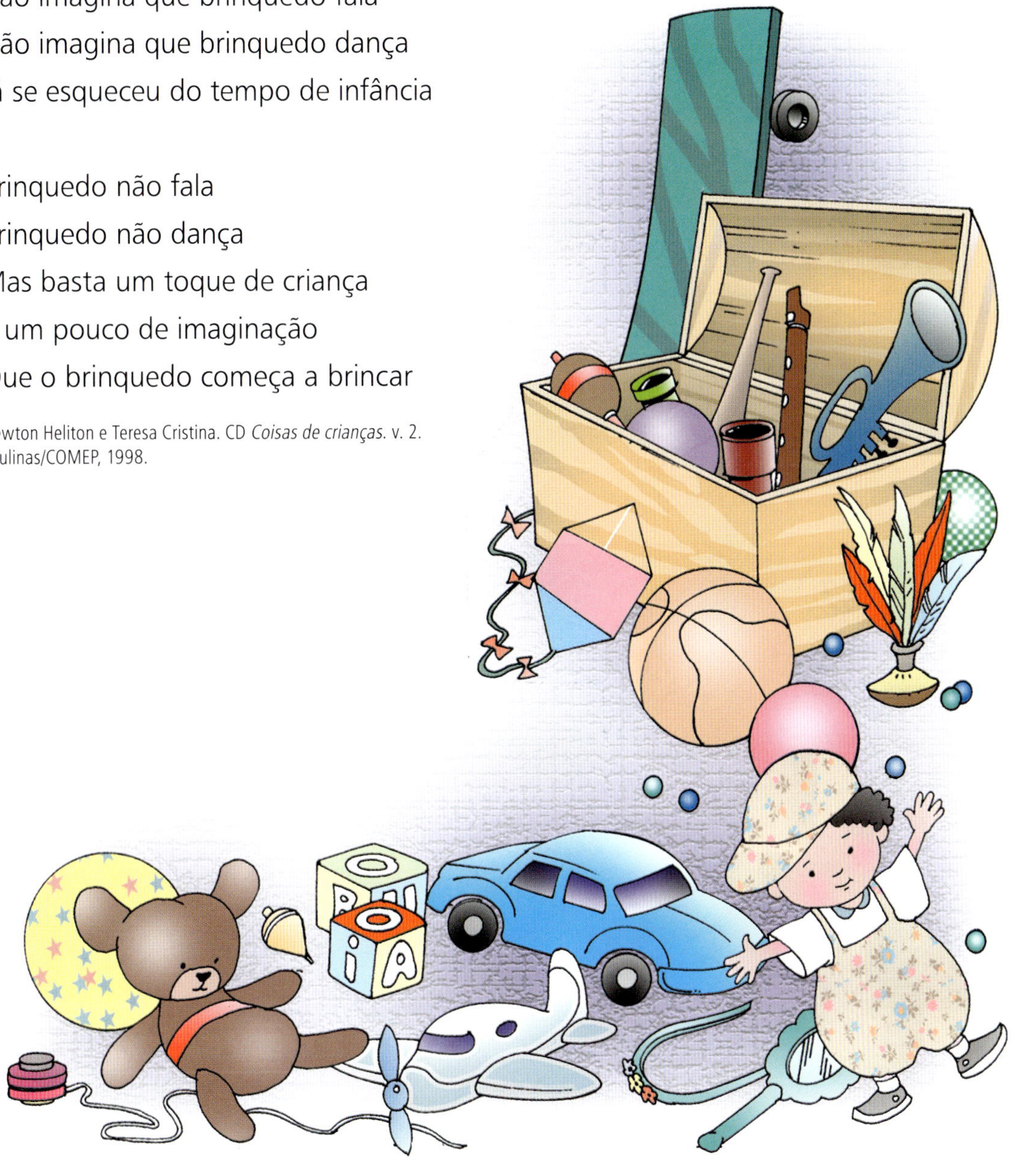

UNIDADE 3

No tempo dos vaga-lumes

Objetivo Sentir-se responsável e participante de um projeto de vida e amor que engloba todo o universo.

3.1. O sumiço dos vaga-lumes

OBJETIVO

Compreender a capacidade de o ser humano destruir os seres vivos e também de proteger a vida e fazer um mundo diferente.

UMA ESTRELA EM MINHA MÃO

No verão, a noite quente, com perfume de jasmim,
era um sinal para mim.
Eu entendia que logo o Natal ia chegar.
Aquilo estava no ar.

O jardim cheio de estrelas, agitadas, cintilantes.
No escuro, para vê-las, eu esperava o instante
de mágica e emoção: a estrelinha voadora
pousava na minha mão.

COMUNICAÇÃO

Você gosta de ver as árvores enfeitadas de luzinhas coloridas no Natal?

Em alguns lugares os vaga-lumes enchiam as árvores e os jardins no verão. Isso faz bastante tempo. Eles pareciam estrelas vivas que piscavam e voavam. Você sabia?

INVENÇÃO

Com a turma, você pode recortar de revistas e jornais ilustrações que mostrem os motivos de os vaga-lumes estarem quase extintos. Depois forme um álbum com esse material.

Você também pode preparar notícias sobre o desaparecimento dos vaga-lumes e apresentá-las na sua própria TV feita com uma caixa de papelão bem grande.

CHARADA

O que é, o que é?
Rinhoca, não é riso de minhoca
Nem passarinho na oca.
Mas todo mundo pode dar e receber.

PARA CONVERSAR COM QUEM VOCÊ AMA

Você se lembra dos vaga-lumes?
Sabe por que eles sumiram?
Como seria o mundo se as pessoas cuidassem de tudo com amor e respeito?

JÁ PENSOU SE FOSSE ASSIM?

VAGA-LUME

Era noite na floresta
Vaga-lume apareceu, era tudo tão escuro
Ele se entristeceu, acendeu sua lanterninha
Mas de nada adiantou
A floresta era tão grande, e nada, nada iluminou

Trá, lá, lá...

Vaga-lume então pensou:
Eu já sei o que vou fazer
Se unirmos nossas forças,
o trabalho vai render
Vou chamar meus amiguinhos,
para virem me ajudar
E com nossas lanterninhas,
vamos tudo iluminar

Veio um, mais um, mais um,
mais um, mais um...

É um tal de pisca, pisca, pisca,
pisca sem parar
Vejam só, meus amiguinhos
Oh! que linda a noite está

Assim todos se ajudando
formou-se a multidão
a floresta inteirinha
transformou-se num clarão!

Pisca, pisca, pisca... sem parar

Maria do Rosário A. Siqueira. CD *Sementinha*. v. 4. Paulinas/COMEP, 2000.

3.2. Se eu fosse um peixinho

OBJETIVO

Tomar consciência de que a água revela o mistério da vida que existe no planeta e precisa ser protegida.

UM SONHO DE PEIXE

Sonhei que a rua de minha casa tinha se tornado um rio. Só era possível sair de canoa. Pudera! Ontem fiquei sabendo que a superfície de nosso planeta tem mais água do que terra!

A CANOA VIROU

A canoa virou e tornou a virar
Foi por causa da Maria que não soube remar
Se eu fosse um peixinho e soubesse nadar
Eu salvava a Maria lá do fundo do mar

Folclore infantil.

COMUNICAÇÃO

As religiões ensinam que a água simboliza a vida de todos os seres.

Imagine que você é um peixinho falante. O que diria às pessoas?

O que aconteceria aos peixes se fossem soltos em um aquário cheio de refrigerante?

INVENÇÃO

Com toda a turma, você pode construir uma estufa. Assim vocês poderão observar o ciclo da água na terra.

CHARADA

Em que lado do corpo a ovelha tem lã?

PARA CONVERSAR COM QUEM VOCÊ AMA

Em sua religião, usa-se água em algum ritual? Para quê?

JÁ PENSOU SE FOSSE ASSIM?

PEIXE VIVO

Como pode o peixe vivo
Viver fora da água fria? (bis)
Como poderei viver? (bis)
Sem a tua, sem a tua, sem a tua companhia? (bis)

Os pastores desta aldeia
já me fazem zombaria (bis)
Por me ver assim chorando (bis)
Sem a tua, sem a tua, sem a tua companhia. (bis)

No rio São Francisco
corre água todo dia (bis)
Só o tempo é que não corre (bis)
Sem a tua, sem a tua, sem a tua companhia. (bis)

Folclore infantil. CD *Tim do le lê*. Paulinas/COMEP, 1998.

3.3. Reguei a samambaia plástica

OBJETIVO

Compreender o limite humano de não poder criar seres vivos do nada, mas apenas cuidar de seres que já existem.

MINHA DESCOBERTA CIENTÍFICA

Quando eu tinha 4 anos de idade, ganhei uma samambaia plástica. Por muitos anos, minha avó a deixou enfeitando a varanda da casa dela e quando resolveu trocá-la ia jogar a pobrezinha no lixo, mas eu corri e a pedi para mim. Eu pensei: "Como pode uma planta tão antiga ficar sempre do mesmo tamanho?".

Resolvi plantar minha samambaia no jardim para ver o que aconteceria. Eu a regava e dava vitaminas para plantas, mas ela não cresceu nenhum centímetro. Os adultos não riram de mim, ao contrário, deixaram-me fazer a experiência. Foi assim que eu descobri a diferença entre as plantas de verdade e as de plástico.

COMUNICAÇÃO

Você tem plantas em casa?

Por que as plantas naturais crescem e morrem?

Por que as artificiais não crescem e não morrem?

INVENÇÃO

Com a turma, você pode construir uma árvore para decorar a sala.

CHARADA

Qual o agente secreto mais secreto do mundo?

PARA CONVERSAR COM QUEM VOCÊ AMA

Peça ajuda a um adulto de sua casa para plantar um pé de feijão.

Coloque um pouco de algodão molhado em um copo de plástico e ponha uns grãos de feijão. Deixe em um lugar iluminado e coloque água para não secar. Se quiser, pode trazê-lo para a sala de aula.

JÁ PENSOU SE FOSSE ASSIM?

VAMOS PLANTAR UMA ÁRVORE

Quando acordo de manhã
E vejo ao meu redor
As flores do jardim
Eu fico tão feliz
Ao ouvir o canário assobiar, lá, lá...

Vamos cuidar desta terra!
Vamos plantar uma árvore!
E também não poluir o ar
Cuidar das águas, do rio e do mar

Borboletas coloridas
Passeiam no jardim
Brincando de ciranda

Bem alegres e faceiras
Com as suas brincadeiras
Volteando, volteando na touceira

Celina Santana. *Palavras mágicas.*
Paulinas/COMEP, 2000.

3.4. Não atiro pau em gato

OBJETIVO

Tomar consciência do sofrimento dos animais quando são maltratados e da responsabilidade de respeitá-los e protegê-los.

CANTIGA DE RODA

Muitos anos atrás, algumas pessoas pensavam que não havia problema em agredir os animais.

Havia uma canção de roda assim:

ATIREI O PAU NO GATO

Atirei um pau no gato, to to
Mas o gato, to to
Não morreu, reu reu
Dona Chica, cá
Admirou-se, se
Do berro, do berro que o gato deu
Miaaauuu!

Folclore infantil

COMUNICAÇÃO

As religiões ensinam que não temos direito de maltratar nenhum ser vivo.

Você tem animais de estimação?

O que você acha da canção *Atirei o pau no gato*?

Como você faria a letra desta música?

INVENÇÃO

Você pode fazer e usar uma máscara que simboliza um animal.

Em equipe, você pode inventar para a canção outra letra que fale do animal de sua máscara.

CHARADA

Qual a dor mais longa do mundo?

PARA CONVERSAR COM QUEM VOCÊ AMA

Como sua religião ensina a respeitar todos os seres vivos?

JÁ PENSOU SE FOSSE ASSIM?

CHAMADA NO ZOO

Tem chamada no zoo
Todos os bichos presentes
Seguindo o alfabeto
Todo mundo contente!

A primeira é a arara
Depois vem o boi
Aí o cavalo
Dinossauro chegando

A seguir o elefante
Depois entra a foca
Miando o gato
Alguém ficou de fora?

Com H mais I
Hipopótamo vem
Jacaré e leão
Macaco bem-vindo

O novilho e a onça
Daí vem o pássaro
Rato, sapo, tatu
Vestido de mágico...
Urso, vaca e ximango
Zebra vem no final
É o fim da chamada
Um barato total

Terminou a chamada
Ninguém está ausente
Desde a arara à zebra
Todo mundo contente (bis)

Sônia Rinaldi. CD *Robô maluquinho*. Paulinas/COMEP, 2000.

UNIDADE 4

Como é bom crescer!

Objetivo Experimentar a capacidade de crescer junto com os colegas, superando limites e dificuldades.

4.1. O tombo da tartaruga

OBJETIVO

Aprender a refletir acerca das consequências das próprias ações e ter compreensão dos erros e enganos de outras pessoas.

POR QUE A TARTARUGA PARECE UM QUEBRA-CABEÇAS?

Uma lenda antiga conta que Deus fez uma festa no céu para todos os animais. No fim da festa os bichos voltaram para a terra. Só a tartaruga, muito lenta, perdeu a condução e ficou lá.

No dia seguinte, os anjos varreram o salão de festas. Sem perceber, jogaram a tartaruga para baixo. Ela caiu e seu casco se quebrou em vários pedaços.

Era inverno na terra e a pobrezinha tremia de frio. Deus percebeu e teve muita pena dela. Juntou todos os caquinhos, montou o casco com paciência e colou. É por isso que o casco da tartaruga parece um quebra-cabeças.

COMUNICAÇÃO

Você já quebrou algum objeto ou cometeu um engano grave?

Como você se sentiu?

O que podemos fazer quando alguém comete um erro sem querer?

INVENÇÃO

Com sua equipe, você pode criar um quebra-cabeças.

CHARADAS

Estas não têm resposta:

- Para que lado o girassol gira o sol?
- Onde o guarda-costas guarda as costas?
- Em que lugar o guardapó guarda o pó?

Agora é sua vez: invente outras charadas sem resposta.

PARA CONVERSAR COM QUEM VOCÊ AMA

O que sua religião ensina a fazer quando alguém erra sem querer?

JÁ PENSOU SE FOSSE ASSIM?

SOMOS AMIGOS

Quando você não quiser mais sorrir
Quando der vontade de ir embora... fugir
Quando você nem quiser conversar... oh não!
E achar que já não vale a pena lutar
Um amigo nessas horas é bom pra ajudar
Se você quiser é só me chamar

Que eu vou, conte comigo
Pois eu sou, sou seu amigo
Em nós dois bate um só coração
Me dê a mão

Você tem a mim, não fique a chorar
Eu estou aqui e vou sempre ajudar
Então vem sorrir, pra gente ser feliz
Você vai ver
Amanhã um novo dia vai nascer

Ringo/Ângela. CD *Faróis de esperança*.
Paulinas/COMEP, 2002.

4.2. A nata virou manteiga

OBJETIVO

Compreender que as dificuldades existem na vida de qualquer pessoa e é possível superá-las.

O ESFORÇO DAS RÃS

Duas rãs caíram em uma tigela de leite. Pularam, pularam, pularam. Tentaram subir, mas a louça era lisa e elas, "tchibum", caíam de volta no fundo.

O leite era puro e forte. De tanto as rãs pularem, uma grossa camada de nata se formou na superfície da tigela.

Em pouco tempo, com o movimento das rãs, a nata virou uma bola de manteiga.

Então elas subiram na manteiga e pularam para fora, prometendo ser mais cuidadosas ao bisbilhotar tão de perto o que não conhecem.

COMUNICAÇÃO

O que aconteceria se as rãs tivessem desistido de pular na primeira vez que escorregaram?

É fácil vencer uma dificuldade ou conseguir o que se deseja? Isso é motivo para desistir?

Como podemos superar as dificuldades?

INVENÇÃO

Que tal fazer uma experiência científica? Consiga nata de leite ou creme de leite fresco (creme de latinha não serve).

Ponha o creme ou a nata em uma xícara grande (menos da metade da xícara) e mexa com o garfo até virar manteiga. Se doer o braço, peça ajuda a alguém.

Se você não desistir, a manteiga aparecerá.

Lave-a com água fria, para tirar o soro. Misture uma pitadinha de sal e passe numa fatia de pão. Bom lanche!

CHARADA

O que é, o que é? !snébaraP (o contrário de se sentir incapaz).

PARA CONVERSAR COM QUEM VOCÊ AMA

O que sua religião ensina a fazer para superar as dificuldades?

JÁ PENSOU SE FOSSE ASSIM?

NUM PASSO DE DANÇA

Num passo de dança
Deus se fez criança
Sonhou com o mundo
E se enamorou

Guardou o universo
Em seu coração
E se consagrou
Poeta cantor

Derramou-se na vida
Feito tinta em papel
Silenciou... contemplou
A palavra floriu

Espalhou-se, invadiu
Cada flor, cada ser
Não coube se guardar
Transbordou de amor

Zélia Patrício. CD *A bonita arte de Deus*. v. 2. Paulinas/COMEP, 1996.

4.3. Samba le-lê "tá" doente

OBJETIVO

Compreender a necessidade de ter coragem e paciência na doença e ter amor e carinho pelas pessoas quando estão doentes.

LAMBADAS, NÃO!

Você sabe o que é uma lambada?

Era um costume que as pessoas tinham de bater nas crianças. Isso não é nada bom!

Essa cantiga de roda fala que uma criança doente precisa de lambadas.

Samba le-lê tá doente
Tá com a cabeça quebrada
Samba le-lê precisava
É de umas boas lambadas

Samba, samba, samba ô lê lê
Levanta a pontinha da saia ô lê lê
Samba, samba, samba ô lê lê
Pisa na barra da saia ô lê lê

Folclore infantil. CD *O mundo encantado da música*. v. 1. Paulinas/COMEP, 1997.

COMUNICAÇÃO

As religiões ensinam que Deus quer a vida e a saúde de todas as pessoas.

Por que as pessoas adoecem?

O que você pensa da música *Samba le-lê tá doente?*

Como você escreveria a letra?

INVENÇÃO

Fórmulas de poções mágicas para curar perna que dói de tanto ficar sentado no sofá.

INGREDIENTES:

500 passos ao lado de alguém que precisa de companhia.
Meia hora brincando com alguém no pátio.
Três serviços bem leves para ajudar em casa.
Uma brincadeira com o bicho de estimação.
Um beijo e um abraço nas pessoas adultas da família.
A lição de casa feita no capricho.

MODO DE USAR:

Misturar tudo e usar a poção, no mínimo, uma vez por dia.

Agora é a sua vez: invente poções mágicas para outras doenças.

CHARADA

Para onde vão as gaivotas de um ano de idade?

PARA CONVERSAR COM QUEM VOCÊ AMA

O que podemos fazer para ajudar alguém que está doente?

JÁ PENSOU SE FOSSE ASSIM?

TUDO PELA SAÚDE

Quero cuidar do meu corpo
Ter muita saúde, viver numa boa
Pois é só quem tem saúde
Que vive sorrindo à toa

Sa, sa, sa é bom ter
Saúde pra feliz viver
São alimentos saudáveis
Que fazem bem para mim
Quero saber o que como,
o que bebo
E repetir sempre assim

Pra longe as drogas
Eu não quero nem pensar
Até já me chamaram de careta
Eu quero viver, quero malhar
Saúde é presente que Deus dá

Celina Santana. CD *Palavras mágicas*. Paulinas/COMEP, 2000.

4.4. O mistério do bem-te-vi

OBJETIVO

Refletir acerca das atitudes que tornam as pessoas felizes, como sinceridade, solidariedade, ajuda e outras.

UMA VOZ NA MATA

Um homem foi fazer turismo em uma trilha ecológica na mata. No caminho encontrou uma carteira cheia de dinheiro. Ele era o último do grupo. Olhou para todos os lados e viu que ninguém havia percebido nada. Então, guardou a carteira e seguiu.

Na mesma hora uma voz veio da mata: "Bem te vi, bem te vi, bem te vi". Ele olhou outra vez, mas não havia ninguém, além dos companheiros que iam na frente. Continuou andando, e, pouco depois, a mesma voz: "Bem te vi, bem te vi, bem te vi".

Irritado e sem saber quem era aquele personagem invisível, o homem gritou: "Está bem, você me viu. Então, não será para mim nem para você". E jogou a carteira longe.

COMUNICAÇÃO

O que era aquela voz no meio da mata?

Por que o homem jogou a carteira?

Você já fez algo escondido, para que ninguém soubesse? Como se sentiu?

Prejudicou alguém? Qual foi o resultado?

INVENÇÃO

Com sua equipe, você pode criar uma história contrária ao fato que ocorreu com o turista.

CHARADA

No aniversário do Zé havia dez crianças.

Zé abriu uma caixa com dez barras de chocolate e ofereceu uma a cada colega.

Todos se serviram e ainda sobrou uma barra.

Como isso se explica?

PARA CONVERSAR COM QUEM VOCÊ AMA

O que sua religião ensina a respeito das atitudes, como, por exemplo, a sinceridade?

JÁ PENSOU SE FOSSE ASSIM?

CANÇÃO DE AMOR E PAZ

Canta, canta comigo
Esta canção de amor e paz
Que vem do céu e é toda ternura
Dá-me tuas mãos
Vamos cantar

Olha lá no horizonte
Um novo tempo rindo pra nós

Por que chorar se amar é vida?
Bem melhor é cantar

A nossa canção
É de amor e paz que o mundo precisa
Canta, canta comigo
Esta linda canção de amor e paz

Edson Rodrigues. CD *Tim do le lê*.
Paulinas/COMEP, 1998.

Respostas das charadas

Página **10**
Chuva

Página **13**
Beterraba

Página **15**
Arara

Página **19**
Porque depois começa a sair

Página **23**
Não ficou nenhum; todos os outros fugiram

Página **26**
O pé

Página **30**
Mangueira de jardim

Página **32**
O do carteiro na idade da pedra

Página **37**
"Carinho", quando dá a louca na língua

Página **40**
No lado de fora

Página **43**
Aquele que nem sabe que é agente secreto

Página **46**
A dor de garganta da girafa

Página **54**
Dar parabéns a si mesmo na frente do espelho

Página **58**
Para o segundo ano de idade

Página **60**
Sobrou o chocolate do Zé, que foi o último a se servir

Sumário